Inhalt

EU-Chemikalienverordnung (REACH) - Systemwandel für die Chemieindustrie endgültig beschlossen

Kernthesen

Beitrag

Fallbeispiele

Weiterführende Literatur

Impressum

EU-Chemikalienverordnung (REACH) - Systemwandel für die Chemieindustrie endgültig beschlossen

I.Zeilhofer-Ficker

Kernthesen

- Nach über fünf Jahren Vorarbeiten wurde im Dezember 2006 die EU-Chemikalienverordnung REACH endgültig verabschiedet.
- Für die Chemieindustrie Europas bedeuten die neuen Vorschriften einen Systemwandel

die Hersteller von Chemikalien sind für deren Ungefährlichkeit für Mensch und Umwelt verantwortlich und müssen diese nachweisen.
- Da die Verordnung auch für Altchemikalien gilt, die vor 1981 auf den Markt gekommen sind, werden neue und alte Produkte de facto gleichgestellt.
- Ungefährliche Stoffe werden künftig in der neuen Chemieagentur in Helsinki registriert, besonders Besorgnis erregende Chemikalien sind einem Zulassungsprozess unterworfen.
- REACH gilt für alle chemischen Stoffe und Zubereitungen, von denen mehr als eine Tonne pro Jahr in der EU produziert oder importiert wird rund 30 000 Produkte sind betroffen.

Beitrag

Etwa 100 000 chemische Stoffe werden in der EU in den verschiedensten Produkten verwendet. Von einigen weiß man, dass sie Umwelt oder Gesundheit schädigen können, von anderen wird das vermutet, die meisten aber werden als ungefährlich angesehen. Systematische Untersuchungen gibt es vielfach noch nicht mit REACH wird sich dies nun ändern.

REACH (Registration, Evaluation and Authorization of Chemicals) was lange währt...

Krebs, Allergien, Erbgutschädigungen ... manche Chemikalien können auf Gesundheit von Mensch und Tier und auf die Umwelt im allgemeinen eine verheerende Wirkung entfalten. Für Neuzulassungen von Chemikalien gibt es deshalb schon seit vielen Jahren ein kompliziertes Zulassungsverfahren, das sicher stellen soll, dass von den Stoffen keinerlei Gefahren ausgehen. Eine Grauzone bildeten bisher die rund 100 000 chemischen Substanzen, die vor 1981 auf den Markt gebracht wurden. Einige, wie zum Beispiel Asbest, stellten sich als krebserregend oder erbgutverändernd heraus und wurden zwischenzeitlich verboten. Die meisten Substanzen werden aber als ungefährlich angesehen, obwohl keine entsprechenden Tests durchgeführt wurden und standardisierte Produktunterlagen fehlen. (1)

Dabei geht man davon aus, dass heutzutage 75 Prozent aller Krebserkrankungen auf chemische Stoffe zurückzuführen sind und viele Allergien,

Erbgutschädigungen und sogar Kreislauferkrankungen von Chemikalien ausgelöst werden. Auf 260 Milliarden Euro schätzt man die krankheitsbedingten Folgekosten in den nächsten 20 Jahren, die durch chemische Stoffe verursacht sind. (8)

Schon im Jahr 2001 hat die EU-Kommission ein Weißbuch für die Neuordnung der Chemikalienpolitik vorgelegt, aus dem in den vergangenen Jahren die REACH-Verordnung in mühsamen Verhandlungen zwischen Industrie, Umwelt- und Verbraucherschützern und Politik entwickelt wurde. Erst im Dezember 2006 konnte ein Kompromiss gefunden werden, der am 13.12.2006 vom Europaparlament mit großer Mehrheit angenommen und am 18.12.2006 von den EU-Umweltministern bestätigt wurde. Nun können die neuen Vorschriften, die nicht erst in nationale Gesetze überführt werden müssen, zum 1. Juni 2007 in Kraft treten, siehe hierzu auch das GBI KnwledgeSummary "REACH Die neue EU-Chemikalienverordnung". (1), (2), (3), (4)

Die Vorschriften

REACH ist kein einfacher Gesetzestext. Die Verordnung allein umfasst 1200 Seiten, die

Ausführungsbestimmungen werden ca. 20 000 Seiten lang sein. Andererseits ersetzt REACH 40 bisher gültige Gesetze und führt so zu einer Vereinheitlichung der Vorschriften in Europa. REACH stellt in der Geschichte der Chemie einen Meilenstein dar, weil erstmals die Beweislast für die Ungefährlichkeit bzw. Handhabbarkeit eines Stoffes an den Hersteller übertragen wird. Bisher war es Sache der Behörden, zu beweisen, dass ein Stoff der Gesundheit schadet und deshalb besonders gehandhabt bzw. verboten werden muss. Nun müssen die Chemieproduzenten nachweisen, dass ein Stoff ungefährlich ist oder ohne Gefährdung für Mensch und Umwelt eingesetzt werden kann. (5), (6)

Rund 100 000 Chemikalien gibt es in Europa, von etwa 30 000 wird pro Jahr mehr als eine Tonne produziert. Nur diese Stoffe, egal wann auf den Markt gebracht, unterliegen den REACH-Vorschriften. Diese Substanzen müssen in den nächsten 11 Jahren bei der neuen EU-Chemikalienagentur in Helsinki registriert werden. Je nach produzierter Menge und eventueller Gefährlichkeit des Stoffes muss die Anmeldung allerdings schon früher geschehen, wobei gilt, je mehr produziert wird, desto schneller muss registriert werden. (1), (7)

Neben der Menge werden die Stoffe nach ihrer Gefährlichkeit für Mensch und Umwelt unterschieden. Stoffe, die ein besonders hohes Gefährdungspotenzial aufweisen, werden mengenunabhängig einem Zulassungsverfahren unterworfen. Diese Chemikalien, die sich beispielsweise im Menschen anreichern und langlebig sind, können zwar registriert, müssen aber ersetzt werden, sofern Alternativen vorhanden sind. Für diese Stoffe müssen die Hersteller einen Substitutionsplan erstellen und umsetzen. Gibt es keine Alternativen, so muss danach geforscht werden. Man schätzt, dass etwa 1 500 Produkte in diese Kategorie fallen werden. (4), (7), (9), (10)

Krebserregende und Erbgut gefährdende Chemikalien müssen von der Chemieagentur ebenfalls zugelassen werden. Dazu muss belegt werden, dass die entsprechende Substanz keine Gefahr für die Gesundheit darstellt, solange gewisse Grenzwerte eingehalten werden. Diese Zulassungen können aber zeitlich befristet werden, damit langfristig weniger gefährliche Alternativen zum Einsatz kommen. Für diese Stoffe sind umfangreiche Tests und Untersuchungen durchzuführen und die Ergebnisse vorzulegen. Etwa 2 500 bis 3 000 Produkte werden als gefährlich eingeschätzt. (10), (11)

Für alle Chemikalien sind gewisse, standardisierte Informationen an die Chemieagentur in Helsinki zu melden. Für gefährliche Produkte sind Testdaten zu erbringen und gegebenenfalls Substitutionspläne zu erarbeiten. Für besonders gefährliche Stoffe sind Verbote möglich. Langfristig soll so das Ziel erreicht werden, dass nur noch ungefährliche Substanzen verwendet werden und in den Stoffkreislauf gelangen. (4)

Auswirkungen auf die Chemieindustrie

Obwohl versucht wurde, die finanziellen Auswirkungen auf die Chemikalienhersteller niedrig zu halten, wird REACH nicht kostenfrei zu verwirklichen sein. Für die zusätzlichen Tests und Untersuchungen werden der Chemieindustrie in den nächsten elf Jahren 2,8 bis 5,2 Milliarden Euro an Kosten entstehen. (12)

Zur Verringerung der Kosten schreibt REACH aber vor, dass Untersuchungsergebnisse zwischen den Unternehmen, die den gleichen Stoff herstellen, ausgetauscht werden müssen. In Substance Information Exchange Foren sollen die Firmen zusammenarbeiten, Eigentümer von Studien sollen Kostenbeteiligungen verlangen können. Teure Tierversuche müssen durch alternative Methoden ersetzt werden, sofern verfügbar. (1), (13), (14)

Zur Wahrung des Eigentümerschutzes unterliegen Betriebsgeheimnisse sechs Jahre lang der Vertraulichkeit, für Prüfdaten beträgt der Schutz zwölf Jahre. Bei einer Zweitregistrierung muss eine Kostenbeteiligung an den Ersteigentümer geleistet werden. Wirtschaftliche Belange wurden also in großem Umfang berücksichtigt. (15), (16)

Fallbeispiele

Die Registrierungskosten sind vor allem für kleinere Betriebe nicht unerheblich. Die Firma Zschimmer & Schwarz, Lahnstein rechnet mit Kosten in Höhe von 20 Prozent des Jahresumsatzes von 150 Millionen Euro dafür. Die Firma Brüggemann Chemical, Heilbronn wird für sein wichtigstes Produkt bis zu einer Million Euro aufwenden müssen. (19)

Hilfe bei allen Fragen rund um REACH soll die Auskunftsseite www.reach-net.com bieten. Der Dienst soll vor allem für kleinere und mittlere Unternehmen Unterstützung leisten. Eingehende Fragen werden an ein virtuelles Kompetenzzentrum von 30 Fachleuten weitergeleitet und dort bearbeitet.

Jede Antwort wird als abrufbares Wissen ins Internet gestellt. (20)

Weiterführende Literatur

(1) Das REACH-Syndrom: Unheilbar, aber nicht tödlich
aus Kunststoffe - Werkstoffe, Verarbeitung, Anwendung, Heft 10/2006, S. 38-48

(2) Reckmann, Jörg, Kompromiss gefunden, Kölner Stadtanzeiger, 14.12.2006
aus Kunststoffe - Werkstoffe, Verarbeitung, Anwendung, Heft 10/2006, S. 38-48

(3) EU-Chemie-Richtlinie beschlossen
aus Süddeutsche Zeitung, 19.12.2006, Ausgabe Deutschland, S. 19

(4) Chemie-Richtlinie fast perfekt
aus Handelsblatt Nr. 234 vom 04.12.06 Seite 6

(5) Chemikalien-Richtlinie ist ein Monster an Bürokratie
aus Saarbrücker Zeitung vom 14.12.2006

(6) EU-Chemikalienrecht nimmt vorletzte Hürde
aus Handelsblatt Nr. 242 vom 14.12.06 Seite 6

(7) Scharfe Kritik an Chemie-Richtlinie Umwelt- und Verbraucherschützern sind die neuen Regelungen zu

lax / Große Mehrheit im EU-Parlament
aus Frankfurter Rundschau v. 14.12.2006, S.11

(8) Jetzt stimmt in Europa die Chemie Bürger vor gefährlichen Stoffen besser geschützt
aus MAINPOST Ausgabe vom 14.12.2006

(9) Chemiekompromiss gefunden
aus VDI NR. 49 VOM 08.12.2006 SEITE 8

(10) EU einigt sich auf neues Chemikaliengesetz REACH
aus Ärzte Zeitung Nr. 227 vom 15.12.2006, Seite 3

(11) EU-Staaten und Parlament stimmen für Chemikalienrecht
aus Handelsblatt Nr. 239 vom 11.12.06 Seite 6

(12) "Wichtig ist, dass ein Prozess in Gang gekommen ist" Umweltmediziner Peter Ohnsorge zur EU-Richtlinie Reach
aus MAINPOST Ausgabe vom 14.12.2006

(13) Alternativen dringend gesucht
aus Frankfurter Allgemeine Sonntagszeitung, 17.12.2006, Nr. 50, S. 69

(14) "Man darf nicht vor der Masse kapitulieren" Nächste Woche stimmt das EU-Parlament über das neue CHEMIKALIENRECHT "Reach" ab. Klaus Günter Steinhäuser vom Umweltbundesamt über das Vorhaben, 30000 Stoffe neu zu untersuchen
aus STERN Nr. 50

(15) Streit über Chemikalienrecht beigelegt EU-Staaten und Parlament einigen sich - 30 000 Stoffe werden geprüft
aus DIE WELT, 02.12.2006, Nr. 282, S. 12

(16) EU weicht Regeln zur Chemiekontrolle auf Europäisches Parlament und Mitgliedsstaaten finden nach langem Ringen Kompromiss · Erleichterungen für Industrie
aus Financial Times Deutschland vom 04.12.2006, Seite 15

(17) Ein Regelwerk für 30 000 Stoffe
aus Frankfurter Allgemeine Zeitung, 14.12.2006, Nr. 291, S. 13

(18) Im kommenden Jahr beginnt der Aufbau der neuen Chemieagentur
aus Frankfurter Allgemeine Zeitung, 12.12.2006, Nr. 289, S. 22

(19) Industrie fürchtet Kosten durch Reach Vor allem Mittelständler erwarten hohe Belastungen · EU-Parlament verabschiedet neue Vorgaben zur Chemikalienkontrolle
aus Financial Times Deutschland vom 14.12.2006, Seite 14

(20) Lichtblick bei der Umsetzung der EU-Chemikalienverordnung
aus VDI NR. 48 VOM 01.12.2006 SEITE 14

Impressum

EU-Chemikalienverordnung (REACH) - Systemwandel für die Chemieindustrie endgültig beschlossen

Bibliografische Information der deutschen Nationalbibliothek

Die Deutsche Nationalbibliothek verzeichnet diese Publikation in der deutschen Nationalbibliografie; detaillierte bibliografische Daten sind im Internet über http://dnb.d-nb.de abrufbar.

ISBN: 978-3-7379-1471-0

© 2015 GBI-Genios Deutsche Wirtschaftsdatenbank GmbH, Freischützstraße 96, 81927 München, www.genios.de

Alle Rechte vorbehalten. Dieses Werk ist einschließlich aller seiner Teile – z.B. Texte, Tabellen und Grafiken - urheberrechtlich geschützt. Jede Verwertung außerhalb der Grenzen des Urheberrechtsgesetzes bedarf der vorherigen Zustimmung des Verlags. Dies gilt insbesondere auch für auszugsweise Nachdrucke, fotomechanische Vervielfältigungen (Fotokopie/Mikroskopie), Übersetzungen, Auswertungen durch Datenbanken oder ähnliche Einrichtungen und die Einspeicherung und Verarbeitung in elektronischen Systemen.